AF554673

Ln 27
30605.

ALLOCUTION

PRONONCÉE DANS L'ÉGLISE NOTRE-DAME D'ORANGE

Le 15 Décembre 1877

PAR

Monsieur l'Abbé HENRI CONSTANS

missionnaire

A L'OCCASION DU MARIAGE

DE

MONSIEUR ERNEST D'HUGUES

Ancien Officier de Cavalerie

ET DE

MADAME MARTINIÈRE NÉE D'HUGUES

PARIS
IMPRIMERIE DE L'ŒUVRE DE SAINT-PAUL
SOUSSENS ET Cie
51, rue de Lille, 51

1877

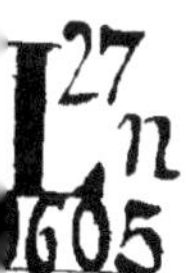

ALLOCUTION

PRONONCÉE DANS L'ÉGLISE NOTRE-DAME D'ORANGE

Le 15 Décembre 1877

PAR

Monsieur l'Abbé HENRI CONSTANS

missionnaire

A L'OCCASION DU MARIAGE

DE

MONSIEUR ERNEST D'HUGUES

Ancien Officier de Cavalerie

ET DE

MADAME MARTINIÈRE NÉE D'HUGUES

PARIS

IMPRIMERIE DE L'ŒUVRE DE SAINT-PAUL

SOUSSENS ET Cie

51, rue de Lille, 51

1877

MON CHER MONSIEUR ET MA CHÈRE FILLE,

L'Apôtre saint Paul, parlant du mariage des chrétiens, l'appelle un grand sacrement (1).

En effet, dit Tertullien, « l'Église en forme les nœuds, l'offrande de notre auguste Sacrifice les confirme, la bénédiction du prêtre y met le sceau, les anges en sont les témoins, le Père céleste les ratifie. »

Puis il continue :

« Quelle alliance que celle de deux époux chrétiens réunis dans une même espérance, dans un même vœu, dans une même règle de conduite et la même dépendance! Ils ne forment bien véritablement qu'un seul corps qu'anime une seule âme. Ensemble ils prient, ensemble ils se livrent aux saints exercices de la pénitence et de la religion. L'exemple de leur vie est une instruction, une exhortation. Vous les voyez de compagnie à l'Église, à la table du SEIGNEUR. Tout est commun entre eux : les sollicitudes, les joies et les plaisirs. Nuls secrets, confiance égale, empressements réciproques. Rien ne les oblige à dissimuler ni le signe de la croix, ni l'action de grâces. Leurs bouches, libres comme leurs cœurs, font retentir ensemble les pieux cantiques. Point d'autre ja-

(1) Eph., v. 32.

lousie que celle à qui des deux servira le mieux le SEIGNEUR » (1).

Ce spectacle, si rare aujourd'hui, vous le présenterez toujours, j'en suis certain. Et votre plus grand désir sera de faire revivre en vous ces mœurs saintes et pures des premiers âges du christianisme, temps heureux dont on s'éloigne de plus en plus. On s'en écarte non-seulement par la marche des siècles que rien n'arrête, mais encore par je ne sais quel sens dépravé qui nous pousse vers une vie douce et molle, éphémère pourtant comme la feuille qui tombe et pernicieuse comme le poison qui donne la mort.

Cette tâche aura ses difficultés... Elle ne sera pas au-dessus de vos forces.

N'êtes-vous pas, mon cher Monsieur, le digne fils de ce brave général que, malgré les fatigues de sa longue et glorieuse carrière, Dieu se plaît à conserver dans une verte vieillesse (2)? Ne vous êtes-vous pas, ainsi que lui, vaillamment conduit sur nos champs de bataille? Les décorations qui vous ont été décernées ne proclament-elles pas éloquemment votre courage (3)? Vous avez, il est vrai, brisé une carrière que tout présageait devoir être brillante, mais ce n'a été qu'après un grand deuil, et pour consoler, par votre présence à son foyer, votre père bien-aimé.

Quant à vous, ma chère Fille, déjà unie par les liens de parenté, tout à l'heure, plus étroits encore, au général d'Hugues et à son fils, vous êtes en même temps la sœur et la cousine d'autres soldats. Les uns, hélas! ne sont plus; la mort les a frappés dans toute l'ardeur de leur

(1) Guillon. — Les Pères de l'Église, III, 339.

(2) M. Frédéric d'Hugues, général de division, grand'croix de la Légion d'honneur.

(3) Les croix de chevalier de la Légion d'honneur et de Saint-Grégoire-le-Grand.

jeunesse, alors que la patrie était en droit d'attendre d'eux de nombreux et utiles services (1). Mais les autres sont pleins de vie; et si DIEU, comme nous l'espérons, leur en laisse le temps, nous les verrons, à l'exemple de leur oncle, arriver à leur tour — ils y sont presque — aux premiers grades de l'armée (2).

Ajoutez à cette énergie que doit vous donner le sang vigoureux et magnanime qui coule dans vos veines la puissance qu'apportera avec elle la grâce divine (2), et vous comprendrez combien, loin de me décourager à la vue des obligations qui vous attendent, je suis plein d'espoir. Vous saisirez avec quel bonheur je salue en vous les intrépides et fidèles disciples de mon SAUVEUR.

Du reste, ne l'oubliez pas, ces habitudes sérieuses et édifiantes seront pour vous le plus sûr moyen d'adoucir vos chagrins et vos peines. Bienheureux, s'écrie le Prophète, ceux qui craignent le SEIGNEUR et qui marchent dans ses voies! *Beati omnes qui timent Dominum et qui ambulant in viis ejus* (4).

A cet amour de DIEU, vous en joindrez un autre : celui que vous devez vous porter mutuellement.

Vous d'abord, mon cher Monsieur, qui, attiré vers votre cousine, autant par sa position si digne d'intérêt que par ses qualités peu communes, lui avez offert généreusement votre main, vous aimerez, ainsi que saint Paul vous le recommande, celle qui va devenir votre épouse (5), vous l'aimerez d'un amour profond, pur, exquis, inaltérable, poussé, s'il le fallait, comme celui de JÉSUS-CHRIST, jus-

(1) M. Humbert d'Hugues, lieutenant d'infanterie, mort à Oranges; M. Frédéric d'Hugues, capitaine d'infanterie, tué à Gravelotte.

(2) M. Armand d'Hugues, colonel du 80e de ligne, officier de la Légion d'honneur ; M. Paul d'Hugues, capitaine instructeur au camp d'Avor.

(3) *Omnia possum in Eo qui me confortat.* (Ad Philip. IV, 13.)

(4) Ps. 127, 1.

(5) Eph. V. 25.

qu'au plus grand sacrifice (1). Vous l'aimerez de cet amour chrétien, je dirais presque divin, qui est la source des joies les plus nobles et les plus vraies. Vous n'aurez pour cela qu'à vous abandonner aux sentiments religieux qui vous animent et à la délicatesse qui vous distingue.

Mais vous, ma chère Fille, comment répondrez-vous à l'amour de votre mari ? Comment vous montrerez-vous digne d'un cœur aussi parfait? Écoutez.

Après avoir surveillé pendant trois ans l'éducation d'une jeune personne, appartenant à l'une des premières familles de Constantinople, et qui devait être plus tard sainte Olympiade, l'amie constante et illustre de saint Chrysostôme, saint Grégoire de Naziance fut appelé à bénir son mariage. La maladie l'empêcha de goûter cette consolation. Il s'en dédommagea en lui adressant une pièce de vers dont je trouve ces passages dans un livre nouveau (2). Je vous les cite parce qu'ils complètent admirablement les conseils que, durant ce même espace de temps, j'ai eu le plaisir de vous donner et la joie plus grande encore de vous voir mettre en pratique.

« Voici, ma Fille, le cadeau de noce que je vous envoie. Rien n'est préférable aux avis d'un père. Ce ne sont ni les pierreries enchâssées dans l'or, ni les menteuses couleurs avec lesquelles un visage est substitué à un autre qui sont la vraie parure d'une femme. Que celles-là portent des robes de pourpre richement brodées, qui n'ont rien en elles-mêmes, pour les embellir. Vous, prenez souci de la chasteté et de cette beauté qu'on admire, même les yeux fermés. Honorez Dieu et après Dieu votre mari, comme l'œil de votre vie et l'arbitre de vos destinées; n'aimez que lui, ne cherchez à plaire qu'à lui... S'il souffre, venez à son aide par de douces paroles... S'il est triste,

(1) Eph. v. 25.

(2) *Histoire de saint Paulin de Nole*, par l'abbé Lagrange. p. 430.

partagez sa tristesse; mais montrez-lui le plus tôt possible un visage serein, car à un homme battu par l'affliction le cœur de la femme est un port assuré. Qu'on trouve en vous l'élévation de l'âme, jamais l'orgueil... Veillez sur vos oreilles, veillez sur vos yeux, que votre modestie inspire à votre époux un pieux respect. »

Enfin, mon cher Monsieur et ma chère Fille, si Dieu vous accorde des enfants, vous vous efforcerez d'en faire, à votre image, de bons, d'excellents chrétiens. Vous leur parlerez de leur Créateur qui sera leur juge, du Ciel qu'ils auront à gagner, de l'enfer qu'ils devront éviter; et quand vous les entretiendrez des choses d'ici bas, vous les envisagerez toujours comme des choses périssables, indignes par conséquent de captiver des âmes immortelles (1). La fin du mariage est de procurer des enfants à l'Église et des saints au paradis.

Cette vérité tant méconnue à notre époque, vous l'avez parfaitement comprise, ma chère Fille. C'est pourquoi vous n'avez pas craint de vous séparer de cette pieuse Madeleine et de cette aimable Yvonne qu'une première affection vous avait données et qu'une seconde aussi forte que désintéressée a voulu adopter. Jeunes et tendres fleurs, je ne les vois pas en ce moment à vos côtés, et leur absence, sans nul doute, est une souffrance pour vous. Toutefois je vous félicite de les avoir éloignées des souffles perfides du monde. Je vous loue de les avoir transplantées dans l'asile d'étude et de prière qui s'est ouvert devant elles (2) et où, sous le regard des anges et entourées des soins intelligents et dévoués de leurs dignes maîtresses, elles ne pourront que grandir, s'élever, s'épanouir, répandre les plus suaves parfums.

(1)... *doceas.. terrena despicere et amare cœlestia.* — Postcomm. de la messe du 2e dimanche de l'Avent.

(2) La Visitation de Romans.

Et maintenant, mon cher Monsieur et ma chère Fille, que me reste-t-il à faire?.. Recevoir vos serments et demander pour vous les bénédictions célestes.

Mais, je ne le sais que trop, mes prières sont bien faibles et bien misérables. Heureusement, malgré ma bassesse, j'ai été élevé à la dignité incomparable du sacerdoce et j'ai reçu le singulier pouvoir de faire descendre Jésus-Christ sur la terre. Je vais l'employer en votre faveur. Encore quelques instants, et le Rédempteur des hommes s'immolera entre mes mains. Je l'offrirai à son Père. Les parents et les amis qui vous entourent joindront aux miennes leurs supplications les plus ferventes. Ceux que vous avez déjà perdus et qui, du sein de Dieu où nous aimons à croire qu'ils habitent, vous regardent avec émotion s'uniront aussi à nous. L'offrande de la sainte Victime sera dès lors favorablement accueillie. Des grâces abondantes deviendront votre partage. Aidés par elles, soutenus par votre bonne volonté, fortifiés par les sacrements, vous passerez sur la terre, fidèles à vos devoirs, fuyant le mal, accomplissant le bien, et de la sorte, après une séparation inévitable, vous mériterez de vous retrouver parmi les élus, et d'y vivre à tout jamais dans un amour éternel.

Ainsi soit-il !

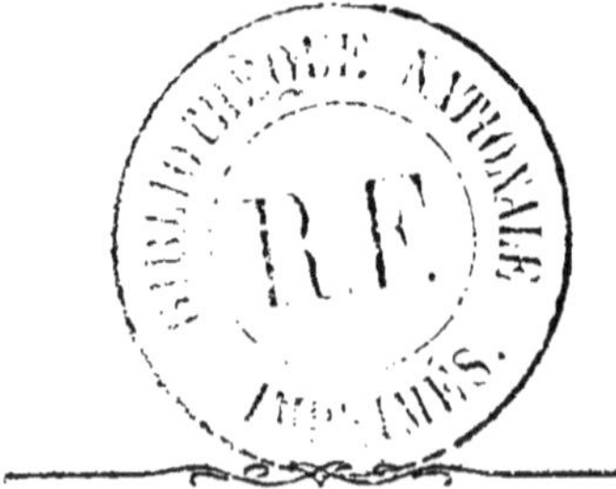

www.ingramcontent.com/pod-product-compliance
Lightning Source LLC
LaVergne TN
LVHW020501230826
846091LV00008BA/3311

9782013619233